AF196053

Catherine Grabowski

Drôle d'anniversaire pour Noé

Avec les illustrations d'Hélène Badault

Das Hörbuch und die Arbeitsblätter zu *Drôle d'anniversaire pour Noé* gibt es auf go.cornelsen.de unter dem Code: bitame

1er août en France

On est le premier août, c'est les vacances. Il est très tôt, et en France, tout le monde rêve encore…
Tout le monde ? Non !

Normandie

À Blois, Noé est encore dans son lit, mais il est déjà réveillé. Pourquoi ? Parce qu'aujourd'hui est un jour très spécial et il y a trop de questions dans sa tête. Est-ce qu'il y a du bruit dans la maison ? Est-ce que sa grand-mère prépare déjà quelque chose ? Comment va être la surprise du jour ?

Blois

Zzzz

GABIN   Jeanne

LES SABLES D'OLONNE

Au camping des Sables d'Olonne, Gabin ronfle encore dans son sac de couchage, mais Jeanne est déjà dehors. Pourquoi ? Parce qu'elle a un plan.
Mais chut, c'est un secret !

Bordeaux

Zzz

TARBES

Biarritz

Lili-Rose en Guadeloupe

Loin, c'est relatif… Jeanne, Gabin, Pia et Idriss ne sont pas près de Noé mais Lili-Rose est vraiment loin. Elle est même de l'autre côté de la planète, chez sa grand-mère, en Guadeloupe. C'est à presque 7000 kilomètres de Paris !

Est-ce qu'elle est dans son lit ? Non ! Lili-Rose est dans un hamac et elle prend un coca avec sa cousine Anaïs. Mais… Est-ce qu'elles prennent vraiment un coca à six heures du matin ? Non ! Il est six heures du matin en France mais en Guadeloupe, il n'est pas encore minuit.

> J'adore les soirées ici. Il fait chaud même à minuit, c'est super.

> Tu trouves ? Moi, mon rêve, c'est d'être à Paris en décembre et de regarder les magasins près de la Tour Eiffel quand il fait froid !

> Je voudrais habiter ici. La maison est grande, le jardin est grand, on peut passer sa vie dehors, c'est trop cool !

> Lili-Rose adore la Guadeloupe et son rêve, c'est de passer six mois ici.

> Moi, j'adore ton appartement à Paris. Il est à côté de tout. C'est super pour faire du shopping ou aller au cinéma.

> Oui, mais toi, tu as la vue sur la mer ! C'est COMME au cinéma !

4

Lili-Rose et Anaïs parlent longtemps, de tout et de rien. Lili-Rose adore être ici. La vie à Paris, les amis de Paris, tout est loin maintenant. On est le soir du 31 juillet, et le matin du premier août est très loin aussi...

Jeanne aux Sables d'Olonne

Il est 6 h 15. Jeanne ne fait pas de bruit. Elle prend la direction de la mer. Elle arrive sur la plage. Il n'y a pas de touristes, il n'y a pas de sportifs, il n'y a même pas de chiens. Elle a la plage pour elle. C'est super ! Elle peut commencer.

Elle écrit sur la plage.

D'abord, c'est un peu compliqué.

Ensuite, ça marche bien.

Ce n'est pas facile parce qu'il y a beaucoup de lettres...

Mais la plage est grande,
alors ça va.

Le soleil arrive. Jeanne termine
sa phrase. Elle regarde. Ce n'est
pas mal, mais il faut encore un
point sur le I.

C'est parti!

CLiC!

Voilà! Maintenant,
elle peut faire sa photo!

J'espère que Noé
va aimer mon message!

Noé à Blois

Il est sept heures. Noé est encore dans son lit et regarde son portable. Un message arrive. Trop cool ! C'est Jeanne !

La photo est super ! Jeanne est une artiste et Noé adore ses idées ! La journée commence bien. Noé chatte longtemps avec Jeanne.

Noé, 7h03

Ta photo est jolie, merci !

 Jeanne, 7h05

Tu vas faire une fête ?

 Noé, 7h06

Aujourd'hui ? Non.

 Jeanne, 7h07

Pourquoi ?

 Noé, 7h09

La fête, ça va être à Paris en septembre avec vous !

 Jeanne, 7h10

Et aujourd'hui ?

 Noé, 7h12

Mes grands-parents préparent une surprise !

 Jeanne, 7h13

Super !

 Noé, 7h14

Ils sont chou et un peu fous !

 Jeanne, 7h16

Cool !

 Noé, 7h17

Et toi ? Ça va les vacances avec Gabin ?

Jeanne raconte ses vacances à la mer. Noé parle de sa vie à Blois avec son lapin Bandit et ses grands-parents. Jeanne est très drôle et ils rigolent beaucoup. Mais il est déjà 8 h 45 : c'est l'heure d'aller prendre le petit-déjeuner. Alors ils se disent à bientôt avec beaucoup de smileys !

Idriss à Murat en Auvergne

8 h 45. D'habitude, Idriss aime rester au lit longtemps pendant les vacances mais aujourd'hui, c'est différent. Il est déjà debout à cause de son cauchemar. Il prend du lait dans le frigo et pense à sa journée. Le truc cool : aujourd'hui, le Tour de France passe à Murat et Idriss est à Murat !

Le truc pas cool : c'est l'anniversaire de Noé et Idriss n'a pas de cadeau pour son copain, c'est nul. Idriss pense tout le temps à la phrase de Noé dans son rêve : « Je ne peux pas compter sur toi ! ». Qu'est-ce qu'il pourrait faire ? Il pourrait appeler Noé, mais ce n'est pas très original. Il pourrait faire une carte d'anniversaire, mais elle va arriver dans trois jours !

Idriss marche dans la maison de vacances et cherche une idée.

Il pourrait faire une photo avec un costume bizarre ?

Il pourrait jouer « Joyeux anniversaire » avec un instrument de musique de la région ?

Il pourrait faire une pancarte pour Noé et passer devant une caméra de télévision du Tour de France ?

Mais oui! C'est ça, l'idée! C'est super!

Il est neuf heures et le Tour de France passe dans le village à onze heures: il a deux heures pour préparer son plan… Vite!

D'abord, il cherche des informations sur le Tour de France:

Après, Idriss dessine une pancarte avec un message pour Noé et il prépare son costume.

Noé à Blois

Noé entre dans la cuisine. Le four est chaud mais il n'y a pas de gâteau et ses grands-parents ne sont pas là. Alors il va dans le salon et là, il y a une surprise.

Noé regarde d'abord le cadeau. Ce sont des chaussures d'escalade. Elles sont cool, mais qu'est-ce qu'il va faire à Paris avec des chaussures d'escalade ? Ensuite, la carte postale :

Une invitation pour faire de l'escalade avec Papa ? C'est trop cool !
Mais tout à coup, Noé est triste. C'est la première fois que son père
n'est pas là pour fêter son anniversaire, et c'est bizarre.
Mais Papi et Mamie sont là et ils sont très drôles. Maintenant par
exemple, ils veulent parler à Noé, mais c'est un peu compliqué parce
que Mamie termine toujours les phrases de Papi et Papi termine
toujours les phrases de Mamie.

Tout à coup, le portable de Mamie sonne et elle va dans la cuisine
pour parler. Papi a une idée : « On pourrait regarder le Tour de France
ensemble. » Il allume la télévision. Noé regarde aussi mais il ne trouve
pas ça super. Sa grand-mère est accro à son portable. Son grand-père
est accro au Tour de France. Ça va être un drôle d'anniversaire…

Idriss à Murat

Il est 10 h 30. Idriss va dans le village et cherche un endroit pour son plan. Il y a déjà beaucoup de monde. Idriss regarde à droite et à gauche. Il y a une équipe de télévision avec des caméras devant la boulangerie. En face de la boulangerie, il y a un arbre, et à côté de l'arbre, il y a une moto. Idriss n'est pas très bon en escalade, mais avec la moto, il va pouvoir monter !

À côté de la moto, il y a un homme. Il est un peu bizarre. Est-ce que c'est sa moto ? Est-ce qu'il va râler ? Idriss a un peu peur, mais il monte quand même. L'homme ne râle pas. Ouf ! Maintenant, Idriss est sur l'arbre. C'est super ! Il est près de la route, il a son costume, sa pancarte, et en plus, il est en face des caméras de télévision ! Il va pouvoir faire coucou à Noé à la télé !

Il est 10 h 51. Idriss est pressé. 10 h 52. Est-ce que son plan va marcher ?
Tout à coup, une voiture arrive. Elle est jaune et sur la voiture, il y a un cycliste en plastique… Il est très grand et jaune aussi. C'est la première voiture du Tour de France ! Tout le monde crie. Idriss crie aussi et il danse avec sa pancarte. Mais il y a un problème : les voitures du Tour de France sont maintenant entre Idriss et les caméras ! Alors Idriss veut monter encore un peu mais…

Noé à Blois

Il fait très beau en Auvergne… Et voilà, les cyclistes ! Ils arrivent dans le village de Murat.

Murat en Auvergne ? Mais Idriss passe ses vacances à Murat en Auvergne ! Noé va près de la télévision.

Le village est petit mais très joli. Voilà le centre avec son château…

Est-ce qu'Idriss est là ? Est-ce qu'il va passer à la télévision ?

Il y a beaucoup de monde. Noé ne trouve pas son copain.
C'est dommage. Idriss ne regarde pas le Tour de France
et il ne pense pas à l'anniversaire de Noé. C'est nul. Noé quitte
le salon et va dans sa chambre faire un bisou à Bandit.

Noé fait des photos de Bandit pour Jeanne mais elle n'est pas en ligne. Tout à coup, il remarque un truc. C'est bizarre. Ses grands-parents passent dans la cour avec des sacs, beaucoup de sacs. Qu'est-ce qu'ils font ? Est-ce qu'ils préparent un pique-nique ? Mais non. Ils ne vont pas faire de pique-nique, ils vont manger au restaurant… Alors ? Est-ce que c'est pour la surprise ?
Mais qu'est-ce que ça peut être ?

Gabin aux Sables d'Olonne

Il est 11 h 05. C'est bientôt le départ. Aujourd'hui, la famille de Gabin et la famille de Jeanne quittent le camping des Sables d'Olonne. C'est l'heure de ranger! Mais il y a vraiment trop de trucs, c'est le bazar partout et les parents sont un peu stressés!

Tout le monde range… Tout le monde ? Non. Gabin ne range pas. Gabin n'est pas stressé. Qu'est-ce qu'il fait ? Il joue encore à un jeu vidéo ? Non, il surfe sur Internet, il dessine des trucs dans son cahier, il écrit sur son portable, il rêve. Ça énerve ses parents, mais il continue… Gabin a un secret. Il prépare une surprise pour l'anniversaire de Noé. C'est un peu compliqué mais il trouve ça très drôle. Voilà… Il termine. C'est parti !

Noé à Blois

Il est 11 h 25. Noé est dans sa chambre. Enfin, son portable sonne!
C'est un message de Gabin. Noé est content mais le message est
bizarre. C'est une énigme.

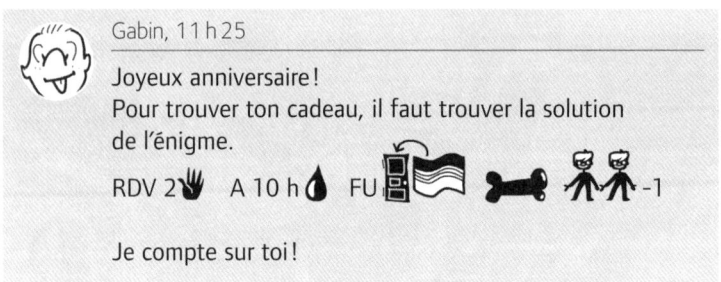

Noé pense : «Ce n'est pas un message d'anniversaire, c'est des
maths.» Il cherche la solution, mais ce n'est pas facile.

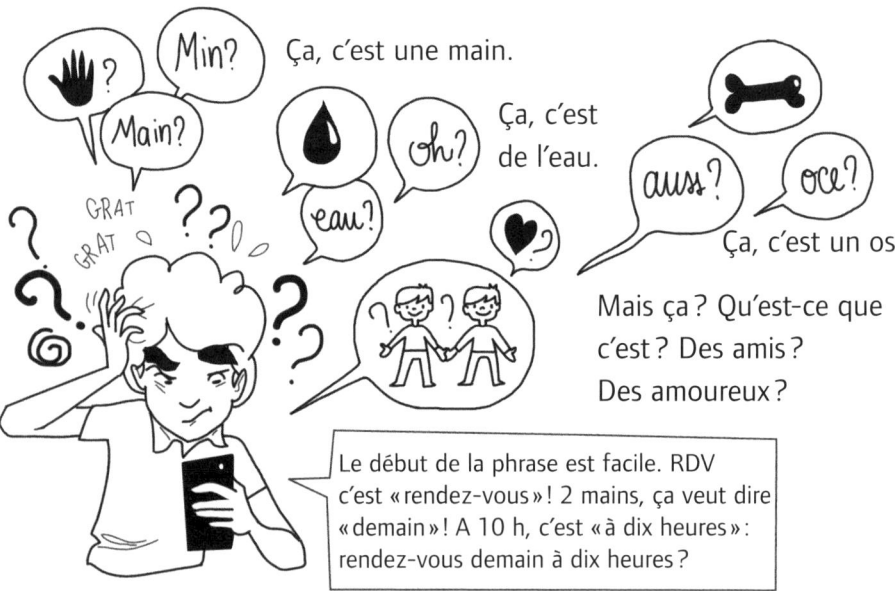

Et il dit : «Je compte sur toi.» C'est bizarre parce que Gabin est aux
Sables d'Olonne et il va bientôt rentrer à Paris...

Mais après? Je ne comprends pas. FU? Porte? Drapeau? Le drapeau est noir, rouge et jaune: c'est le drapeau allemand. Mais pourquoi? Et -1, c'est «moins un»?
Gabin adore les problèmes, mais moi, je ne suis pas une star des énigmes!

Eau, c'est pour dire «au»: rendez-vous demain à dix heures au...

Au quoi? Zut! Gabin est sympa, mais là, c'est trop compliqué! En plus, Papi et Mamie appellent Noé. C'est l'heure du départ. Noé prend son portable et va dans la cour. Mais là, il y a encore des problèmes. Les départs pour les grands-parents, c'est toujours un peu compliqué.

C'est parti!

Zut! Je n'ai pas mon chargeur! Noé, mon chéri, tu peux aller dans le salon pour chercher mon chargeur, s'il te plaît?

Ah la la, ma grand-mère et son portable...

Non, non, Noé! Pas ici!

La porte du coffre est cassée! Donne le chargeur à Mamie!

Un moment, s'il vous plaît!

J'ai une carte postale pour Noé Ségal! Il est là?

C'est une carte postale de Pia. Elle est à Nice avec son père.
Noé prend la carte et c'est parti! Enfin! Il est 11 h 45.

Idriss à Murat

Il est 11 h 45. Idriss rentre vite à la maison. C'est l'horreur! Il n'a pas de cadeau pour Noé, le rideau de la maison de vacances est sale, il a mal au pied et en plus, ses parents sont dehors sur la terrasse.

> Mais qu'est-ce que tu as, Idriss?!

Idriss a un problème. Il faut expliquer son histoire et trouver des arguments pour aller vite à Saint-Nectaire. Comment est-ce qu'il va faire? Ses parents n'aiment pas beaucoup le sport et ils n'aiment pas les endroits avec beaucoup de monde… Alors le Tour de France à Saint-Nectaire, ce n'est pas super. Vite, il faut trouver une idée.

Les parents d'Idriss aiment les livres et les histoires avec des drames et de l'action.

C'est ça, l'idée. Il faut raconter une histoire avec des drames et de l'action :

Mon copain Noé est chez ses grands-parents. C'est l'horreur. Là-bas, il n'y a pas Internet et leur téléphone est cassé. Je n'ai pas son adresse, et d'ailleurs, le facteur ne va pas jusqu'à leur maison…

En plus, Noé reste tout le temps avec ses grands-parents parce qu'ils ne vont pas très bien. Et aujourd'hui, c'est son anniversaire, mais un anniversaire sans fête, sans cadeaux, sans amis, c'est vraiment triste !

Il y a UNE solution pour contacter Noé : la télévision du Tour de France ! Oui ! Noé regarde tout le temps le Tour de France à la télé avec son grand-père. Alors pour contacter Noé, il faut passer à la télé pendant le Tour de France !

Et nous avons de la chance : dans deux heures, le Tour de France passe à Saint-Nectaire. S'il vous plaît, Papa, Maman, on peut aller à Saint-Nectaire ?

Ça marche. Les parents d'Idriss aiment les histoires avec des drames et de l'action dans les livres ET dans la vie ! Ils préparent leurs affaires. Idriss aussi. Il ne prend plus de costume, mais il prend sa pancarte et il prend aussi son VTT parce qu'il a mal au pied. Dans les montagnes, ça peut être pratique. Et voilà : c'est parti !

Noé entre Blois et Tours

Il est midi et quart. Noé et ses grands-parents sont sur la route entre Blois et Tours. C'est la route des châteaux de la Loire. Noé a beaucoup de souvenirs ici avec ses cousins et sa cousine le jour de son anniversaire.

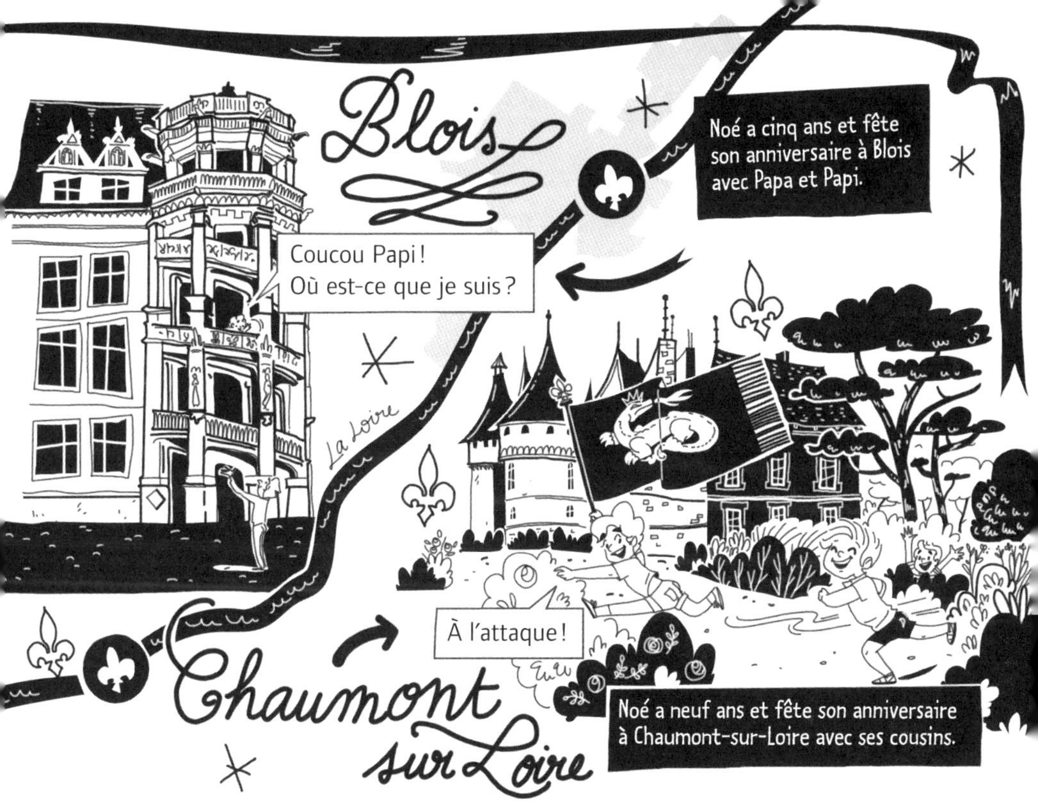

Blois

Noé a cinq ans et fête son anniversaire à Blois avec Papa et Papi.

Coucou Papi !
Où est-ce que je suis ?

La Loire

À l'attaque !

Chaumont sur Loire

Noé a neuf ans et fête son anniversaire à Chaumont-sur-Loire avec ses cousins.

Noé et ses grands-parents parlent longtemps de leurs souvenirs dans la région. C'est cool. Mais tout à coup, le portable de Mamie sonne et elle dit : « Pardon, j'ai un message ! ». Ensuite, elle écrit sur son portable, et elle oublie tout. Noé est un peu triste. Son anniversaire n'est pas comme d'habitude : son père n'est pas là, sa grand-mère préfère jouer avec son portable et ne fait pas de gâteau d'anniversaire, les cousins de Blois sont en vacances en Bretagne… En plus, Jeanne, Gabin, Idriss, Pia et Lili-Rose sont loin et Noé ne va pas faire la fête aujourd'hui ! Il prend aussi son portable et prépare une enquête sur Instagram.

Est-ce qu'il va avoir des réponses des copains ?

VOUS PRÉFÉREZ

Le restaurant avec papi-mamie ou un pique-nique avec amis ?

Une balade en famille ou la fête à Paris ?

Les musées ou la nature ?

25

Lili-Rose en Guadeloupe

Sept heures du matin. Lili-Rose est déjà debout mais elle ne regarde pas l'enquête de Noé. Elle est sur une route de montagne avec son père, Anaïs et le père d'Anaïs. Ils ont un plan : aller sur le volcan de la Soufrière. Lili-Rose trouve ça nul : elle est contre les balades en famille, surtout quand elles commencent à six heures du matin. Alors elle râle. Mais son père et son oncle veulent commencer tôt parce qu'après, il va faire trop chaud. Ils disent que les balades au milieu de la journée, c'est pour les touristes ! Lili-Rose trouve ça fou.

Le groupe monte, monte, et monte encore. Il y a beaucoup de plantes, c'est très vert. Lili-Rose et Anaïs ne vont pas très vite et elles ne parlent pas ce matin : il est trop tôt. Tout à coup, le téléphone de Lili-Rose sonne. C'est un message de Jeanne.

Jeanne, 7 h 10

Salut Lili-Rose ! J'espère que ta balade sur le volcan est bien ! Et n'oublie pas l'anniversaire de Noé ! Bisou !

Allez les filles, on ne rêve plus maintenant !

Qu'est-ce qu'elle va faire pour Noé ?

Ah oui, c'est vrai, Noé.

Elle n'a pas d'idées et en plus, ce n'est pas le moment parce que son père et son oncle sont pressés ! Ils marchent vite.

1

Lili-Rose ne râle plus. La vue sur le volcan est vraiment magique. Elle regarde, elle fait des photos. Tout à coup, elle a des idées de poète, des idées de philosophe... C'est à cause de la nature. Elle pense à Noé. Il est aussi fan de nature! Elle a une idée.

③

Ils arrivent aux bains de soufre. C'est comme une piscine dans la nature mais l'eau est jaune et chaude et l'odeur n'est pas bonne. Lili-Rose ne veut pas faire de pause ici mais les bains de soufre sont typiques de la région du volcan et son père adore, alors il faut prendre un bain de soufre! Lili-Rose râle encore mais elle entre dans l'eau. Et là, elle a une surprise. C'est chaud. L'odeur n'est plus un problème. Elle nage. Elle regarde le volcan. C'est le matin. Il fait bon. C'est super.

②

Noé entre Tours et Châtellerault

Un message arrive : c'est Lili-Rose! Il y a des photos et un poème.

Noé adore! Lili-Rose fait toujours plein de trucs mais elle n'écrit pas
souvent des poèmes! Il cherche une idée pour la réponse, mais il ne
trouve pas. Il regarde par la fenêtre. Ici, la vue est moche et il pleut.
C'est nul! On est le premier août, c'est son anniversaire et c'est triste
comme en novembre! D'ailleurs, est-ce que la surprise des grands-
parents va être cool? Noé n'est pas sûr. Pourquoi est-ce qu'il n'est
pas sur une plage de rêve comme Jeanne et Pia ou sur une montagne
comme Lili-Rose?
Tout à coup, Noé a une idée. Il va aussi faire une histoire pour ses
copains. La journée n'est pas super. Mais sur Instagram, elle peut être
très drôle!
Ils arrivent à Châtellerault et traversent la ville pour aller au restaurant. Un truc est moche? Ce n'est plus un problème pour Noé, il fait
une photo et raconte. La balade n'est plus triste, elle est même cool!

À 14 h 30, ils quittent le restaurant et vont visiter le Musée des Arts et de l'Industrie. Ce n'est pas le rêve de Noé pour ses 14 ans mais le musée rappelle plein de souvenirs aux grands-parents de Noé et ça, c'est cool!

Ils sont trop chou! Noé rêve un peu. Est-ce qu'il va aussi un jour faire une balade romantique avec quelqu'un?

Il est déjà 13 h 47. Le Tour de France va bientôt arriver à Saint-Nectaire, mais Idriss et ses parents ne sont pas encore là parce qu'il y a trop de monde sur la route! Ils vont être en retard, c'est nul! Idriss cherche une solution sur son portable. Ce n'est pas loin mais...

Il y a une montagne entre les cyclistes et la voiture.

Une montagne... C'est un problème pour une voiture, mais pas pour un VTT!

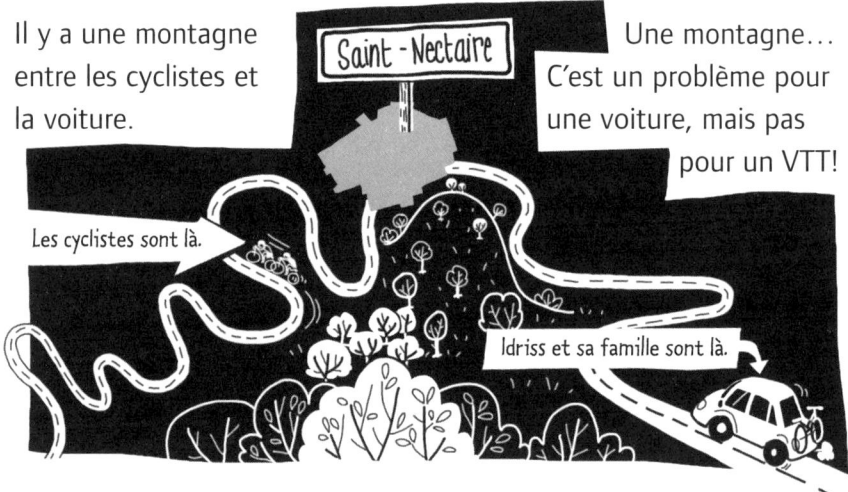

Saint - Nectaire

Les cyclistes sont là.

Idriss et sa famille sont là.

Voilà l'idée! Est-ce que les parents vont être d'accord?

Papa, Maman, on est en retard, on va rater le Tour de France! Mais j'ai une idée! Je vais prendre mon VTT et passer par la montagne, d'accord? On se retrouve à Saint-Nectaire, d'accord?

Les parents n'ont pas le temps de parler, Idriss est déjà dehors. Il prend son VTT, sa pancarte dans le coffre, et c'est parti!

D'abord, ça va bien.

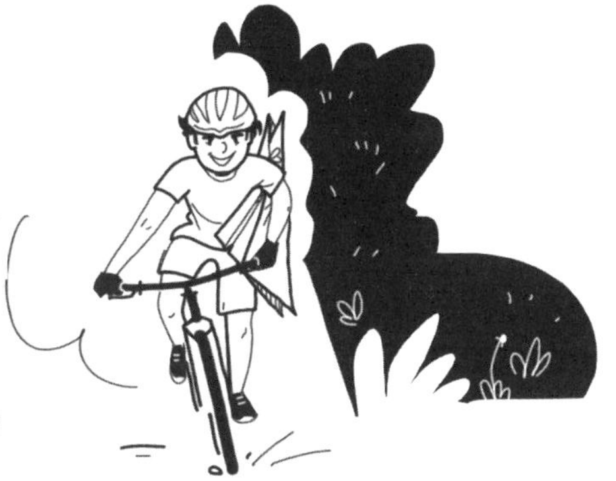

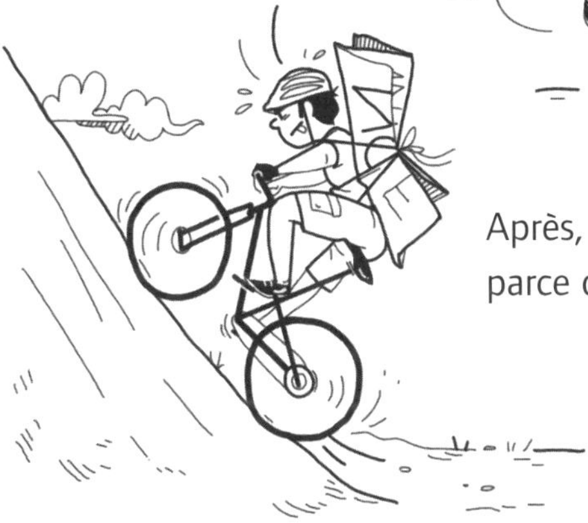

Après, il faut pédaler un peu parce que ça monte.

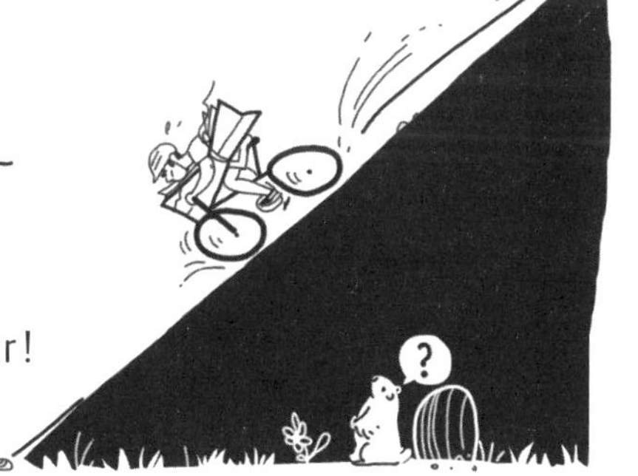
?

Mais tout à coup, ça va très vite…
Trop vite pour Idriss, mais il n'a pas peur !
Saint-Nectaire n'est plus loin, il arrive.

À l'entrée du village,
il y a un problème.

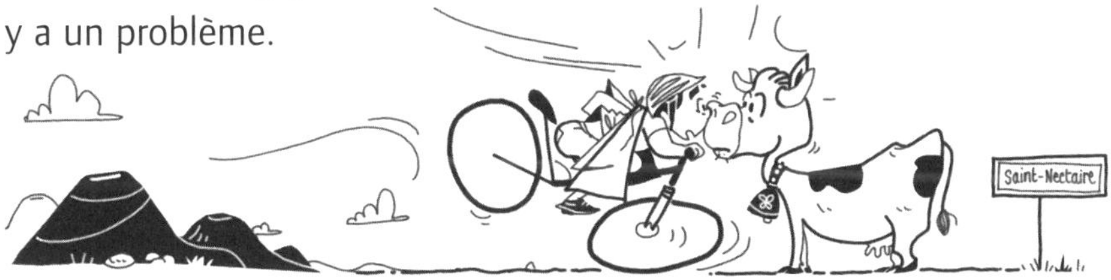
Saint-Nectaire

C'est trop nul. Le Tour de France passe à Saint-Nectaire, les caméras de télévision sont là, mais Idriss n'est pas là.

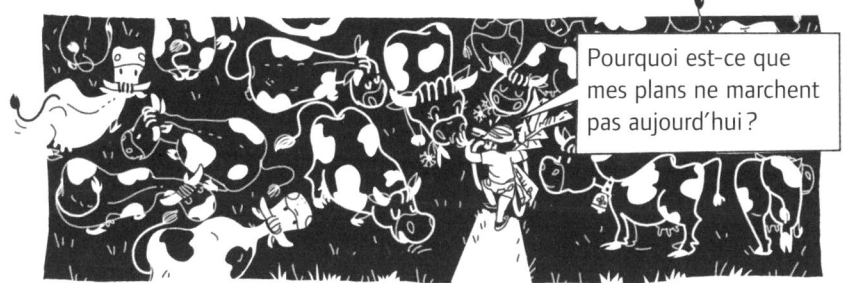

Pourquoi est-ce que mes plans ne marchent pas aujourd'hui ?

Noé à Châtellerault

Une autre route ? Oh non ! Maintenant, Noé en a assez ! Il ne veut plus être dans la voiture. Zut ! Pourquoi est-ce qu'il n'a pas son anniversaire en mai comme Idriss ou en février comme Jeanne ? Là, tout le monde est à Paris, on peut faire la fête avec les copains… C'est vraiment nul, un anniversaire le premier août !

Il veut râler mais le portable de la grand-mère de Noé sonne encore. Elle est vraiment accro ! Alors, il prend aussi son portable et regarde les réponses de ses amis sur Instagram. Jeanne est pour la famille et les musées, Pia et Lili-Rose sont pour les fêtes à Paris et les pique-niques avec les amis. Et Gabin ? Gabin n'aime pas l'enquête. C'est dommage mais c'est comme ça, il préfère les énigmes.

Ensuite, Noé écoute de la musique avec ses écouteurs et regarde les publicités au bord de la route…

ÇA, c'est vraiment LE RÊVE! Noé prend la carte postale de Pia. Tout à coup, il remarque un truc…

Noé, pas loin de Poitiers

Cher Noé,
Joyeux anniversaire! J'espère que tu
vas bien et que tu passes une super
journée!
Moi, je suis en vacances sur la Côte
d'Azur avec mon père. C'est cool. Il y
a beaucoup de touristes et de stars,
mais pas assez de copains! Lili-Rose
est en Guadeloupe, toi, tu es à Blois...
Quand est-ce que tu rentres à Paris?
Bisou, Pia

Herzliche Glückwünsche!
Schön, dass es dich gibt!

Noé Ségal

10 rue François Premier

41 000 Blois

Il y a aussi une phrase en allemand. Qu'est-ce que ça veut dire?
Schön, c'est «joli»: joli qu'il y a toi? Ce n'est pas correct en français
mais c'est chou, et ça veut dire que Pia aime bien Noé!
Tout à coup, Noé pense à l'énigme de Gabin. Dans l'énigme,
il y a un drapeau allemand. Le drapeau allemand va avec la porte.
Noé a une idée.

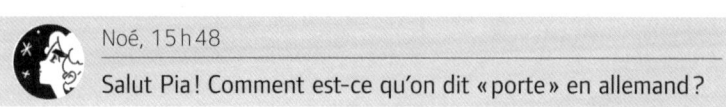

Noé, 15 h 48

Salut Pia! Comment est-ce qu'on dit «porte» en allemand?

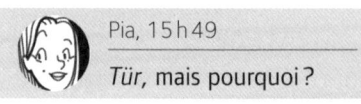

Pia, 15 h 49

Tür, mais pourquoi?

Ah oui, c'est *Tür*... Maintenant Noé a la solution de l'énigme ! C'est comme un puzzle ! Ça marche !

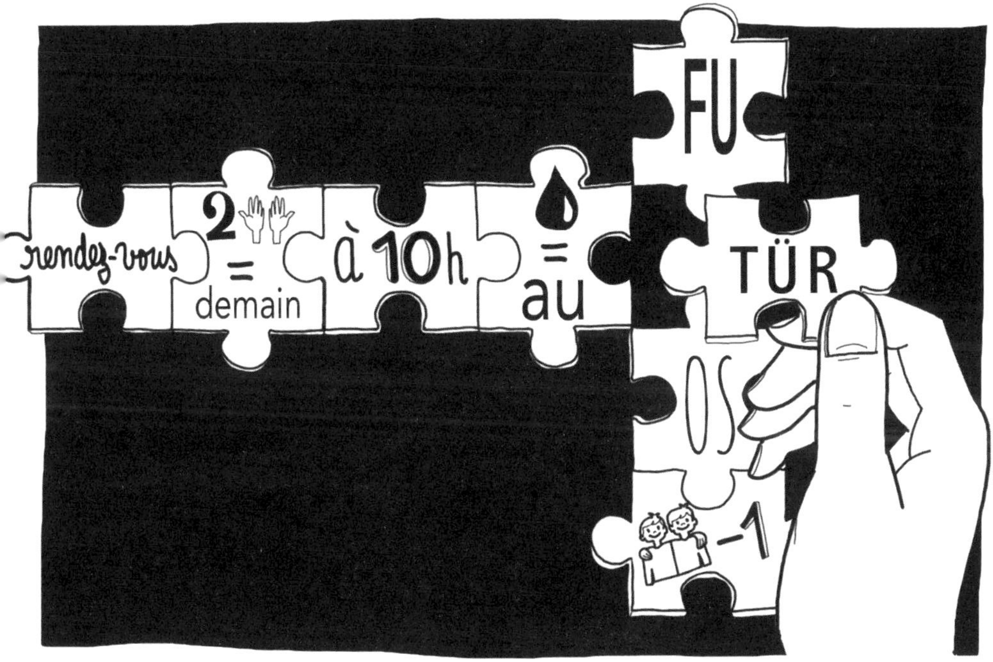
rendez-vous
2
=
demain
à 10h
=
au
FU
TÜR
OS
–1

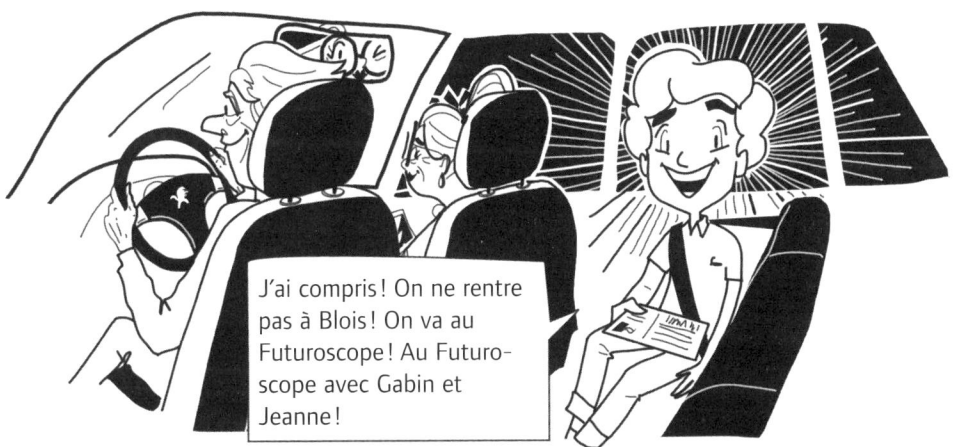

Et 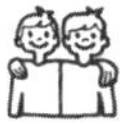 ce sont des copains ! Et copains – 1, c'est comme copains sans le « ain » ! C'est une invitation pour aller au Futuroscope demain ! Le Futuroscope est un parc d'attractions près de Poitiers avec des manèges et des montagnes russes ! Mais alors...

J'ai compris ! On ne rentre pas à Blois ! On va au Futuroscope ! Au Futuroscope avec Gabin et Jeanne !

Il est 16 h 30. Jeanne et Gabin sont devant l'entrée d'un hôtel près du Futuroscope. Jeanne regarde tout le temps son portable et Gabin regarde la route. Est-ce que la surprise va marcher ? Est-ce que Noé a la solution de l'énigme ? Est-ce que Noé et ses grands-parents vont arriver bientôt ?

Enfin, la voiture arrive sur le parking. Et deux minutes plus tard, c'est le bazar ! Tout le monde veut expliquer un truc à Noé et tout le monde parle en même temps. Pour Noé, ça fait comme un manège avec des émotions fortes !

Organiser des surprises avec ta grand-mère, c'est super !

Jeanne et moi, nous sommes amies sur les réseaux sociaux !

Mais je ne comprends pas… Gabin, le rendez-vous, ce n'est pas demain à dix heures ?

Maintenant, tout est clair : ils vont passer une soirée et une journée au Futuroscope ! Et l'anniversaire de Noé va être un anniversaire de rêve ! Et Mamie n'est pas accro à son portable, elle est accro à Jeanne ! Et les 1000 messages, c'était pour organiser la surprise. La surprise ? Non, les surprises parce que ce n'est pas tout…

Noé et ses amis à l'hôtel

Tout à coup, un bus arrive sur le parking de l'hôtel. Dans le bus, il y a un homme. Il regarde Noé…

Papa! Mais… Tu n'es pas à Paris?

Travailler pendant les vacances de mon fils, ce n'est pas facile, mais travailler le jour de son anniversaire, c'est impossible!

Noé est trop content! En plus, le coffre de la voiture n'est plus cassé, il est plein de trucs pour manger et faire la fête!

Il ne pleut plus. Le soleil arrive. C'est trop bien de rencontrer les copains sur la route des vacances! C'est trop bien d'avoir un père qui traverse la France pour être avec son fils le jour de son anniversaire. C'est trop bien d'avoir des messages des quatre coins de France. C'est trop bien d'avoir son anniversaire en août! Tout à coup, Mamie dit: «Il est déjà 17 heures! Vite, il faut prendre nos chambres à l'hôtel et aller au Futuroscope! La soirée commence à 18 heures!»

Tout le monde entre dans l'hôtel pour le check-in. Les parents parlent avec le monsieur à l'entrée et Noé et ses amis visitent l'hôtel. Il y a un bar, un restaurant et un salon. Le salon est petit mais la télé est grande. Les trois amis regardent un peu. Il y a encore une émission sur le Tour de France. Ce n'est pas une émission sur les cyclistes, c'est une émission sur les fans des cyclistes. Ils sont parfois bizarres...

Regardez! C'est Idriss!

Euh oui, je suis fan du Tour de France, mais surtout, je voudrais souhaiter un joyeux anniversaire à mon copain Noé! Il a 14 ans aujourd'hui. J'espère qu'il regarde. On n'est pas ensemble, mais on va fêter ça à Paris bientôt. Noé, je compte sur toi!

Noé et ses amis au Futuroscope

C'est le soir. Noé, ses amis et leurs familles sont au Futuroscope.
L'ambiance est super.

Tout à coup, un message arrive sur le portable de Noé.
C'est Lili-Rose.

Volcan, cousine et émotions fortes !

Trop bien, les vacances en Guadeloupe !

Mais là, Noé ne cherche pas longtemps la réponse !
C'est facile !

Montagnes russes, amis et émotions fortes !
Trop bien, l'anniversaire au Futuroscope !

FUTUROSCOPE

FIN

Vocabulaire

Der Lernwortschatz aus À plus! 1, Module 5 und 6 ist grau markiert.

Symbole und Abkürzungen

f.	*féminin*/feminin (weiblich)
m.	*masculin*/maskulin (männlich)
pl.	*pluriel*/Plural (Mehrzahl)
qc/etw.	*quelque chose*/etwas
qn/jd/jdn/jdm	*quelqu'un*/jemand/jemanden/jemandem
adj.	*adjectif*/Adjektiv
inf.	*infinitif*/Infinitiv
fam.	*familier*/umgangssprachlich

P. 2

premier/première *adj.*   erster/erste/erstes

août *m.*   August

tôt   früh

être réveillé/e   wach sein

le jour   der Tag, tagsüber, am Tag

spécial/spéciale *adj.*   besonderer/besondere/besonders

la **tête**   der Kopf

la **maison**   das Haus

la **surprise**   die Überraschung

le **camping**   das Zelten, *auch:* der Zeltplatz

ronfler   schnarchen

le **sac de couchage**   der Schlafsack

dehors   draußen

le **plan**   der Plan

P. 3

l'**Auvergne** *f.*   die Auvergne

le **rêve**   der Traum

Je compte sur toi.   Ich zähle auf dich.

aux quatre coins de France   *hier:* überall in Frankreich, *wörtlich:* in den vier Ecken Frankreichs

P. 4

relatif/relative *adj.*   relativ

être de l'autre côté de qc.   auf der anderen Seite von etw. sein

la **planète**   der Planet

presque   fast

le **kilomètre**   der Kilometer

le **hamac**   die Hängematte

la **soirée**   der Abend

il fait chaud   es ist warm

décembre *m.*   Dezember

quand   wenn

il fait froid   es ist kalt

P. 5

Sainte-Anne *Stadt im französischen Überseedépartement Guadeloupe*

le **judo**   das Judo

longtemps   lange

le **soir**   der Abend, abends, am Abend

juillet *m.*   Juli

P. 6

la **direction**   die Richtung

la **mer**   das Meer, die See

la **plage**   der Strand

le/la **touriste**   der Tourist / die Touristin

le **sportif** / la **sportive**   der Sportler / die Sportlerin

il/**elle écrit**   er/sie schreibt

d'abord   zuerst

facile *m./f. adj.*   leicht, einfach

la **lettre**   der Buchstabe

P. 7

le **soleil**   die Sonne

arriver   ankommen

le **point**   der Punkt

j'espère que   ich hoffe, dass

le **message**   die Botschaft, die Aussage

P. 8

le **portable**   das Handy

Joyeux anniversaire!   Herzlichen Glückwunsch zum Geburtstag!

l'**anniversaire** *m.*   der Geburtstag

l'**artiste** *m./f.*   der Künstler / die Künstlerin

P. 9

la **fête**   die Feier

septembre *m.*   September

fou/**folle** *adj.*   verrückt

parler de qc/**qn**   von etw./jdm sprechen

c'est l'heure de qc   es ist Zeit für etw. / etw. zu tun

le **petit-déjeuner**   das Frühstück

ils se disent   sie sagen sich

À bientôt!   Bis bald!

P. 10

d'habitude   normalerweise

rester   bleiben

différent/différente *adj.*   anderer/ andere/anders

être debout   aufgestanden sein, wach sein

à cause de qc/**qn**   wegen etw./jdm

le **frigo** *fam.*   der Kühlschrank

penser à qc/**qn**   an etw./jdn denken

le **Tour de France**   die Tour de France

Murat *Dorf in der Auvergne*

le **cadeau** / les **cadeaux**   das Geschenk / die Geschenke

tout le temps   die ganze Zeit, ständig

il/elle pourrait   er/sie könnte

original/originale *adj.*   originell

le **costume**   die Verkleidung

la **région**   die Region

la **caméra**   die Kamera

P. 11

le **départ**   der Start, die Abfahrt

Aurillac   *Stadt in der Auvergne*

le/la **cycliste**   der Radrennfahrer /
die Radrennfahrerin

la **route**   die Landstraße

ça peut marcher   es kann
funktionieren

Saint-Nectaire   *Stadt in der
Auvergne, bekannt für ihren Kuh-
milchkäse*

la **montagne**   der Berg, das Gebirge

le/la **même** *m./f. adj.*   derselbe/
dieselbe

la **voiture**   das Auto

Clermont-Ferrand   *Hauptort des
Départements Puy-de-Dôme in der
Auvergne*

après   danach

P. 12

nos vœux les plus sincères   herzliche Glückwünsche (zum Geburtstag)

la **fleur**   die Blume

le **croissant**   das Croissant

la **carte postale**   die Postkarte

la **tradition**   die Tradition

la **chaussure**   die Schuhe

cher/chère + *Anrede*   lieber/liebe +
Anrede

octobre *m.*   Oktober

inviter qn   jdn einladen

les **Alpes** *f. pl.*   die Alpen

le **bisou**   das Küsschen

P. 13

tout à coup   plötzlich

triste *m./f. adj.*   traurig

fêter qc   etw. feiern

Papi *m.*   Opa

Mamie *f.*   Oma

quitter qc/qn   etw./jdn verlassen

sonner   klingeln

allumer qc   etw. einschalten

être accro à qc/qn   nach etw./jdm
süchtig sein

P. 14

beaucoup de monde   viele Leute

l'**équipe** *f.*   das Team

l'**arbre** *m.*   der Baum

monter   steigen, ansteigen

l'**homme** *m.*   der Mann

avoir peur   Angst haben, Angst
bekommen

P. 15

en plastique   aus Plastik

crier   schreien

P. 16

il fait beau   es ist schön

le **château**   das Schloss

P. 17

en ligne   online

remarquer qc/qn   etw./jdn bemerken

le **sac**   die Tasche, die Tüte

P. 18

bientôt   bald

stressé/stressée *adj.*   gestresst

le **VTT (= le vélo tout-terrain)** das Mountainbike

le **skate**   das Skateboard

P. 19

énerver qn   jdn ärgern

P. 20

content/contente *adj.*   zufrieden, glücklich

l'**énigme** *f.*   das Rätsel

la **main**   die Hand

l'**os** *m.*   der Knochen

les **amoureux** *m. pl.*   die Verliebten

le **début**   der Anfang, der Beginn

le **rendez-vous**   das Treffen

rentrer   nach Hause fahren/gehen

P. 21

le **drapeau**   die Fahne

au quoi?   *hier:* wo?

le **chargeur**   das Ladegerät

mon chéri   mein Schatz

le coffre   der Kofferraum

cassé/cassée *adj.*   kaputt

Un moment!   Einen Moment!

P. 22

le **rideau**   der Vorhang

sale *m./f. adj.*   schmutzig

avoir mal au pied   Fußschmerzen haben

la **terrasse**   die Terrasse

l'**argument** *m.*   das Argument

le **volcan**   der Vulkan

le **drame**   das Drama

l'**action** *f.*   die Handlung

P. 23

d'ailleurs   übrigens

le **facteur** / la **factrice**   der Briefträger / die Briefträgerin

jusqu'à   bis

contacter qn   jdn kontaktieren

pratique *m./f. adj.*   praktisch

P. 24

Tours *Stadt an der Loire*

les **châteaux de la Loire** die Schlösser der Loire

le **souvenir** die Erinnerung

inventer qc etw. erfinden

la **machine** die Maschine, das Gerät

le **prince** / la **princesse** der Prinz / die Prinzessin

P. 25

À l'attaque! Zum Angriff!

l'**enquête** *f.* die Umfrage

la **balade** der Spaziergang, *auch:* die Spazierfahrt

P. 26

au milieu (de qc) in der Mitte (von etw.), mitten in

P. 27

les **bains de soufre** *m. pl.* Natur-Spa mit schwefelhaltigem Wasser

la **piscine** das Swimmingpool

l'**odeur** *f.* der Geruch

la **pause** die Pause

typique *m./f. adj.* typisch

nager schwimmen

magique *m./f. adj.* magisch

le/la **poète** der Dicher / die Dichterin

le/la **philosophe** der Philosoph / die Philosophin

à cause de qc/qn wegen etw./jdm

P. 28

Châtellerault *Stadt in der Region Centre-Val de Loire*

le **poème** das Gedicht

explosif/explosive *adj.* hier: spannend, *auch:* explosiv

le **colibri** der Kolibri

plein/pleine de qc/qn *adj.* voll

la **sieste** der Mittagsschlaf, die Siesta

il pleut es regnet

novembre *m.* November

sûr/sûre *adj.* sicher

traverser qc etw. durchqueren, etw. überqueren

le **parking** der Parkplatz

le **tableau** das Gemälde

les **Impressionnistes** *m. pl.* die Impressionisten

le **pionnier** / la **pionnière** der Pioner / die Pionierin

rond/ronde *adj.* rund

Mars *f.* der Mars

le **martien** / la **martienne** der Marsbewohner / die Marsbewohnerin

le **Musée des Arts et de l'Industrie** Kunst- und Industrie-designmuseum in Châtellerault

rappeler qc/qn à qn jdm an etw./jdn erinnern

Tu te souviens…? Erinnerst du dich?

C'était das war

romantique *m./f. adj.* romantisch

P. 30

rater qc   etw. misslingen, verpassen

passer par qc   über etw. fahren

avoir le temps de + *inf.*   Zeit haben,
etw. zu tun

P. 31

pédaler   in die Pedale treten

P. 32

autre *m./f. adj.*   anderer/andere/
anders

en avoir assez   von etw. genug haben

mai *m.*   Mai

février *m.*   Februar

les **écouteurs** *m. pl.*   der Kopfhörer

la **publicité**   die Werbung

au bord de qc   am Rande von etw.

la **balade en bateau**   die Bootsfahrt

le **Futuroscope**   *Freizeitpark in der
Nähe von Poitiers*

Poitiers   *Stadt in der Region Nouvelle-
Aquitaine*

P. 35

le **puzzle**   das Puzzle

le **parc d'attractions**   der Freizeitpark

le **manège**   das Karussell

les **montagnes russes** *f. pl.*   die
Achterbahn

l'**invitation** *f.*   die Einladung

j'ai compris   ich habe verstanden

P. 36

les émotions fortes *f. pl.*   *hier:*
Aufregung, *wörtlich:* starke Gefühle

les **réseaux sociaux** *m. pl.*   die
sozialen Medien

P. 37

clair/claire *adj.*   klar

P. 38

impossible *m./f. adj.*   unmöglich

C'est trop bien de + *inf.* **qui**   es ist
toll, etw. zu tun, der/die/das

P. 39

le **check-in**   das Check-in

le **bar**   die Bar

l'**émission** *f.*   die Sendung

souhaiter qc à qn   jdm etw.
wünschen

janvier *m.*	Januar
février *m.*	Februar
mars *m.*	März
avril *m.*	April
mai *m.*	Mai
juin *m.*	Juni
juillet *m.*	Juli
août *m.*	August
septembre *m.*	September
octobre *m.*	Oktober
novembre *m.*	November
décembre *m.*	Dezember

À plus! 1

Drôle d'anniversaire pour Noé

Catherine Grabowski
avec les illustrations d'Hélène Badault

Projektleitung
Julia Goltz

Verlagsredaktion
Anne Lapanouse

Umschlaggestaltung
werkstatt für gebrauchsgrafik, Berlin

Layout und technische Umsetzung
Heike Börner, Berlin

Tonstudio
sing-sing, Berlin

Das Hörbuch und die Arbeitsblätter zu *Drôle d'anniversaire pour Noé*
gibt es auf go.cornelsen.de unter dem Code: bitame

www.cornelsen.de

1. Auflage, 3. Druck 2025

Alle Drucke dieser Auflage sind inhaltlich unverändert
und können im Unterricht nebeneinander verwendet werden.

© 2021 Cornelsen Verlag GmbH, Mecklenburgische Str. 53, 14197 Berlin, E-Mail: service@cornelsen.de

Druck: AZ Druck und Datentechnik GmbH, Kempten

ISBN: 978-3-06-122317-5

PEFC-zertifiziert
Dieses Produkt
stammt aus
nachhaltig
bewirtschafteten
Wäldern und
kontrollierten Quellen

PEFC/04-31-2260   www.pefc.de